# QUELQUES OBSERVATIONS

## AU SUJET

## DU SENS DES MOTS CHINOIS *GIAO CHỈ*,

## NOM DES ANCÊTRES DU PEUPLE ANNAMITE

PAR

## M. DES MICHELS.

*Mémoire lu devant l'Académie des inscriptions et belles-lettres*
*dans la séance du 15 mai 1885.*

# PARIS.

## IMPRIMERIE NATIONALE.

ERNEST LEROUX, ÉDITEUR, RUE BONAPARTE, 28.

M DCCC LXXXIX.

# QUELQUES OBSERVATIONS

## AU SUJET

# DU SENS DES MOTS CHINOIS *GIAO CHỈ*,

## NOM DES ANCÊTRES DU PEUPLE ANNAMITE.

# QUELQUES OBSERVATIONS

## AU SUJET

# DU SENS DES MOTS CHINOIS *GIAO CHỈ,*

## NOM DES ANCÊTRES DU PEUPLE ANNAMITE,

PAR

## M. DES MICHELS.

*Mémoire lu devant l'Académie des inscriptions et belles-lettres*
*dans la séance du 15 mai 1885.*

# PARIS.

## IMPRIMERIE NATIONALE.

ERNEST LEROUX, ÉDITEUR, RUE BONAPARTE, 28.

M DCCC LXXXIX.

# QUELQUES OBSERVATIONS

## AU SUJET

## DU SENS DES MOTS CHINOIS *GIAO CHỈ*,

### NOM DES ANCÊTRES DU PEUPLE ANNAMITE.

On sait que le nom de *Giao chỉ*[1] désigne une peuplade
fort ancienne qui a formé, en se développant, l'élément le
plus important ou pour mieux dire fondamental de la nation annamite, telle que nous la trouvons constituée de nos
jours. Or il se présente, à propos de ces deux mots, une
question qui ne manque pas d'intérêt, et au sujet de laquelle je vais entrer ici dans quelques détails, d'ailleurs
aussi brefs que possible.

On s'est plu à répéter que cette dénomination de *Giao
chỉ* (*Kiaō tchè* selon la prononciation du *kouān hoá* chinois)
signifie « pieds bifurqués ». Le P. Legrand de la Liraye, à
qui l'on doit d'avoir donné le premier, dans ses savantes
*Notes historiques*, un aperçu de l'histoire alors encore si
inconnue ou tout au moins si obscure du peuple annamite,
dit que cette désignation vient de ce que, dans l'antique
tribu ainsi nommée, le gros orteil était écarté du second
doigt du pied. M. Aubaret indique également cette interprétation dans une note annexée à la traduction qu'il a
donnée du *Gia định thống chí;* enfin M. l'abbé Launay, des
Missions étrangères, dit aussi dans sa remarquable histoire
de la Cochinchine que ce mot signifie « doigts écartés », et

[1] 交趾

indique que le gros orteil se trouve, par suite d'une anomalie anatomique, notablement éloigné des autres doigts.
Il est vrai que, de son côté, M. l'abbé Bouillevaux se con-
tente de donner ce nom de *Giao chỉ* comme étant la désignation primitive des Annamites; sans entrer dans aucun détail
sur le sens qu'il renferme.

Pour moi, j'avais été frappé tout d'abord de la contradiction qui semble exister entre la signification littérale des
deux caractères chinois 交 趾 [1] et l'interprétation que les
auteurs européens leur donnent. J'admets, du moins jusqu'à l'examen que je me propose d'en faire plus loin, que
le mot 趾 a bien réellement ici le sens « d'orteils »; mais
comment celui qui le précède peut-il signifier « écartés »?
Bien loin qu'il en soit ainsi, tous les dictionnaires chinois
lui attribuent un sens diamétralement opposé, celui de
« réunir ».

Quelques personnes, frappées probablement comme moi
de cette contradiction, ont cru que le nom de *Giao chỉ* avait
été donné à la race qui nous occupe parce que, chez elle,
le gros orteil serait opposable comme chez le singe, c'est-à-
dire qu'il serait susceptible d'être appliqué contre l'extrémité des autres doigts; mais cette interprétation peu flatteuse
pour une fraction de l'espèce humaine tombe absolument
devant une observation sérieuse. Les tribus sauvages qui
passent pour représenter encore de nos jours la race non
mélangée ou, du moins, peu mélangée des anciens *Giao chỉ*
n'ont pas le pouce du pied plus opposable que les membres
les plus purs de la famille caucasique.

Le caractère 交 signifie aussi « croiser ». Serait-il em-

_______________

[1] 交

ployé, dans l'expression 交 趾, pour indiquer que le gros orteil de l'un des pieds, par suite même de son écartement, se croiserait dans la station avec celui du côté opposé? J'avais dès l'abord pensé que ce devait être là l'idée véritable exprimée dans ces deux mots; mais le fait me paraît absolument impossible. En effet, dans l'attitude de la station normale, les talons se trouvent distants l'un de l'autre de plusieurs centimètres, et les pieds forment l'un avec l'autre un angle très ouvert. Dans cette position, le point où le gros orteil de l'un d'eux s'articule avec le premier métatarsien est tellement distant du point correspondant de l'autre, qu'il faudrait supposer à ces orteils une longueur tout à fait monstrueuse pour que, dans l'hypothèse la plus favorable, celle d'un écartement à angle droit, ils arrivassent, non pas à se croiser, mais même à se toucher légèrement par le bout. Il est inutile d'ajouter que dans ces conditions, qui n'existent nullement, la marche deviendrait absolument impossible.

Ne trouvant rien qui me satisfît dans les ouvrages écrits en français que j'avais entre les mains, j'ai voulu voir si, soit dans les très rares livres écrits en annamite vulgaire qui traitent de l'histoire du peuple dont il est question ici, soit dans les ouvrages chinois et particulièrement chez les historiens, je pourrais découvrir quelque chose de certain à ce sujet. Parmi les premiers, les trois seuls qu'il m'ait été possible de consulter (je crois pouvoir dire les trois seuls qui existent) sont le livre intitulé : « *Tóm lại về sự tích các đời vua nước Annam* (Histoire abrégée des dynasties annamites) », de M. Pétrus Trương Vinh Ky; le *Đại nam Việt quốc triều sử ký*[1] (Histoire des dynasties nationales de l'An-

[1] 大 南 越 國 朝 史 記

nam), composé récemment sous la direction de la société des Missions étrangères, et enfin le curieux poème historique intitulé « *Đại nam quốc sử ký diễn ca* [1] (Annales en vers du grand royaume du Sud) », par l'annaliste Lê ngô cát. Le premier de ces ouvrages n'en dit pas plus long sur l'expression 交 阯 que le développement qu'en a fait en français l'auteur lui-même ; le second dit simplement que l'Annam portait autrefois le nom de *Giao chỉ quận* [2] (gouvernement de *Giao chỉ*), et le troisième ne mentionne ces derniers mots que pour dire qu'ils ont, sans se perdre, traversé les âges.

Quant à ce qui concerne les livres chinois, il en a été de même, ou à peu de chose près. Je n'ai trouvé, ni dans ceux que je possède, ni dans ceux que j'ai pu consulter à la Bibliothèque nationale, aucune mention touchant l'origine de cette singulière dénomination. Le *T'ōng kién kāng moŭ* [3], le *Chào wéi t'ōng kién* [4], le *T'ōng kién làn yáo* [5], le *Kāng kién yĭ tchĭ loŭ* [6], le *Kién tsŏ mŏng k'ieŏu* [7], s'étendent plus ou moins sur la célèbre ambassade envoyée à l'empereur *Tch'êng wáng* [8], pendant la sixième année de son règne, sur les paroles des ambassadeurs, la réponse de *Tcheŏu kong* [9], oncle du souverain, l'offre d'un faisan blanc et les chars munis de boussoles qui permirent aux envoyés de retourner dans

[1] 大南國史記演歌
[2] 交阯郡
[3] 通鑑綱目
[4] 少微通鑑
[5] 通鑑覽要
[6] 綱鑑易知錄
[7] 鑑撮蒙求
[8] 成王
[9] 周公

leur pays. Le dernier de ces ouvrages parle en outre de la fameuse héroïne *Trưng trắc*[1], qui fut réduite par le général *Mà youén*[2]; mais nulle part je n'ai pu trouver soit un paragraphe spécial, soit même une simple phrase incidente qui fît mention du sens de l'expression *giao chi*. Il en est de même de la section du *Wén hién tōng kào* de *Mà touān lín*, qui est relative aux peuples étrangers à la Chine, et dont M. le marquis d'Hervey de Saint-Denys a donné la traduction. Quant à l'immense dictionnaire *Peï wén yùn fòu*[3], il se borne à dire sur les mots « *Nam giao*[4] » que c'est le nom du territoire de *Giao chi*, lequel est situé au midi. Seul, le *Hoàng tsing tchi kóng t'où*[5] donne quelque chose de plus. C'est l'image d'un Annamite au pied duquel on voit le pouce faire avec les autres doigts un angle assez notable; particularité qui, néanmoins, n'est pas reproduite dans la gravure qui suit, laquelle représente une femme de la même nation. Du reste ce livre, d'origine très moderne (il date de la seizième année de *Kièn lóng*, 1751), ne dit pas un mot de cette anomalie anatomique et du rapport qu'elle peut avoir avec le nom de *Giao chi*, qu'il ne fait que mentionner au commencement du chapitre. On y voit, en revanche, que les prétentions qu'à défaut de droits la Chine a élevées dans ces derniers temps au sujet de la suzeraineté de l'Annam, n'ont pas été, comme on l'a dit, tout nouvellement imaginées pour les besoins de la cause, mais qu'elles ont dû toujours exister, au moins à l'état latent. En effet,

[1] 徵側
[2] 馬援
[3] 凧文韻府
[4] 南交
[5] 皇清職貢圖

l'auteur de ce livre s'exprimait, il y a plus de cent ans, en ces termes : « La terre de *Giao chi* et le royaume d'Annam appartenaient, avant les *T'âng*, à l'empire du Milieu. Au temps des cinq dynasties, les indigènes du pays commencèrent à l'usurper (*sic*) ». Les deux caractères *ts'ië kiù*[1], qui terminent ce passage et que je traduis ainsi, ne laissent aucun doute sur la pensée de l'auteur ; car le premier signifie proprement « voler », et le second « faire main basse sur quelque chose ». Je dois dire, pour en revenir à mon sujet, que s'il y avait quelque doute sur la singularité anatomique qui nous occupe, le dessin que contient ce livre ne pourrait guère faire foi. En effet, la représentation qu'on y trouve des types appartenant aux différents peuples ne saurait être considérée comme un modèle d'exactitude. On peut en juger, entre autres, par le portrait d'un seigneur polonais que le dessinateur chinois, dans la section consacrée aux peuples européens, nous montre sous les traits d'un montreur d'ours. C'est, en effet, un homme vêtu de fourrures et ceint d'une épée qui tient à la main le bout d'une corde dont l'autre extrémité est enroulée autour du museau de l'animal. L'ours est debout sur ses pattes de derrière, et le gentilhomme semble l'exciter à danser. Il est juste de dire, cependant, que les Chinois avaient, au temps de l'empereur *Kièn lông*, des rapports infiniment plus fréquents avec les Annamites qu'avec les Polonais, et connaissaient certainement beaucoup mieux les premiers que les seconds. Du reste, ce fait de l'écartement du gros orteil existe incontestablement chez un grand nombre d'individus. Chez beaucoup d'Annamites, il est vrai, ce doigt n'est pas sensible-

[1] 竊 據

ment écarté des autres ou ne l'est que dans une mesure très restreinte, et par l'effet d'une courroie qui maintient la chaussure et passe entre le gros orteil et le second doigt du pied ; mais chez certains sauvages des montagnes tonquinoises, que l'on dit être les descendants non altérés des *Giao chỉ*, cet écartement devient beaucoup plus marqué, et il est bien réellement indépendant de toute action mécanique.

J'étais presque découragé de l'inutilité de mes recherches, lorsque, tout à fait fortuitement, l'un des fonctionnaires préposés à la surveillance de la salle des manuscrits à la Bibliothèque nationale eut l'extrême obligeance de me communiquer un volume dépareillé qu'il avait en dépôt. Ce volume était le premier tome d'une histoire de l'Annam alors extrêmement rare, intitulée : *Đại Việt sử ký* [1] (Annales du Grand *Việt*). Or, sur la première page du premier *Kiuén* de la première section, intitulée : *Ngoại ký* [2], mes yeux tombèrent sur une annotation chinoise que l'ancien possesseur du livre y avait tracée, et dont voici la traduction :

« Le gros doigt du pied, chez les *Giao chỉ*, était largement écarté. Lorsqu'ils se tenaient debout en rapprochant leurs deux pieds l'un contre l'autre, *tịnh túc* [3], les deux orteils se croisaient. On trouve encore aujourd'hui des gens (qui sont conformés ainsi [4]) ; ce sont leurs descendants. »

Voilà une explication qui ne laisse rien à désirer, et, s'il faut en croire l'annotation chinoise placée là par un lettré annamite inconnu, l'expression *Giao chỉ* n'a pas d'autre si-

[1] 大越史記
[2] 外記
[3] 並足
[4] 今亦有人焉

gnification que celle qui s'y trouve indiquée ; à savoir, que
les deux gros orteils des individus qui formaient la peuplade ainsi désignée se croisaient dans l'attitude qu'elle dé-
termine.

Cette explication peut, il est vrai, provenir de ce que
son auteur croyait à une interprétation erronée, bien que
généralement répandue ; mais elle peut aussi fort bien être
la véritable, et j'avoue qu'après l'avoir lue, j'ai été, au premier moment, absolument convaincu qu'il en était ainsi.
Cependant, après y avoir réfléchi, il m'a semblé qu'elle
n'était pas absolument irréfutable, et que les mots *Giao chi*
pourraient bien avoir en réalité un autre sens. Ce qui a le
plus contribué à faire surgir le doute dans mon esprit a été
l'interprétation que donne de ce mot le savant Wells Williams dans son remarquable dictionnaire chinois-anglais. Je
m'attendais à y trouver reproduite l'idée contenue dans l'annotation que j'avais relevée dans le *Nam việt sử ký* ; mais il
n'en est rien. Ce n'est pas sous le caractère 趾, dont le
sens principal est bien « *toe-orteil* » et dont la clef est celle
du pied, que Wells Williams parle de l'expression 交 趾,
mais bien à l'occasion d'un autre 阯, qui se trouve deux
rangs plus bas, et dont la clef est 阝, celle du tertre. Le savant lexicographe donne à ce dernier caractère le sens de
*soubassement, pied d'un mur* « *the base of a wall* ». Il ajoute
qu'il est semblable au précédent 址 et presque synonyme
de ce dernier, qui se range sous la clef de la terre, et signifie « *fondations d'un édifice, limites d'un lot de terrain, fondamental, pays natal (foundation, limits of a lot, fondamental,
one's country)* ». Ce n'est pas tout. Si nous revenons au premier caractère 趾, nous lui trouvons, outre le sens d'« *orteil* », celui de s'« *arrêter (to stop)* », et de « *fondation* » ; et Wells

Williams nous dit qu'on l'emploie pour celui qui le précède ( 止 ) et qui signifie entre autres choses « *être arrêté* (comme par la limite d'un lot de terrain), *demeurer, empêché* (*to be stopped, as by the edge of a lot of land, to dwell, hindered*) ».

On voit donc que, soit qu'on écrive les mots *Giao chi* comme *Mà touăn lin* et un grand nombre d'auteurs chinois [1], soit qu'on les écrive comme Wells Williams [2], on se trouve, pour le mot *chi*, en présence de plusieurs interprétations qui ont entre elles une connexité très sensible, mais qui, sauf une seule, ne se rapportent nullement à l'idée d'orteil; à savoir :

1° Celle d'un *arrêt* 止 ;

2° Celle de la *base d'une muraille* 阯 et 址 ;

3° Celle des *limites d'un terrain* 止, 址 et 阯 ;

4° Celle de *pays* 址 et 阯.

D'autre part le sens le plus fréquent du caractère 交 est celui d'*unir*, de *joindre*. Ne ressort-il pas de ces interprétations que les deux caractères réunis 交 阯 pourraient bien signifier « le point où les zones frontières des deux pays se joignent », c'est-à-dire « leur limite commune »; point où se trouvent naturellement *arrêtés* soit les armées des deux nations voisines, soit les individus qui, sans droit ou sans autorisation, veulent passer du territoire de l'une dans celui de l'autre?

Voilà qui milite pour le sens de *territoire limitrophe*, ou de *limite commune*. N'y a-t-il pas quelque chose de plus? En présence de ce sens de *fondations* que l'on retrouve sous trois des quatre caractères examinés, ne pourrait-on ad-

----

[1] 交 阯

[2] 交 阯

mettre qu'il y a là une métaphore, dans laquelle les montagnes qui séparent du reste de l'Empire chinois le territoire habité anciennement par les ancêtres des Annamites seraient comparées à une gigantesque muraille? N'est-ce pas même, peut-être, l'indice d'un véritable mur de séparation qui aurait été construit, dans cette région limitrophe, soit par les Chinois, soit par leurs voisins? Cette idée de défendre le territoire au moyen d'une véritable muraille n'est pas, en effet, particulière à *Ts'în chí hoâng tí*. Dans la carte annexée au second volume du dictionnaire annamite de M*gr* Taberd, on trouve indiquée, sous le nom de « *Lũi sây*, seu murus magnus separans olim utrumque regnum », une longue muraille qui, prenant naissance au pied de la grande chaîne qui court à l'ouest de la Cochinchine, va se terminer à la mer en face de l'île *An đâu*, séparant ainsi le *Đàng ngoài* ou Tonkin du *Đàng trong* ou Cochinchine proprement dite. On sait que ces deux pays constituaient, avant l'époque de *Gia long*, deux États distincts et rivaux. Serait-il impossible qu'une semblable muraille eût été élevée, à une époque reculée, dans la région qui nous occupe?

Du reste, cette idée d'une *limite*, d'un *passage*, d'un *obstacle* à franchir se retrouve dans ces noms de *Nam việt, Việt nam, Việt thường*, qui furent si souvent donnés à ce que nous appelons aujourd'hui l'Annam; car ces mots signifient littéralement « *passage* du midi, le midi où l'on *passe*, le lieu où l'on *franchit* habituellement ».

Si les mots *Giao chĩ* faisaient bien réellement allusion à la conformation anatomique dont il a été question plus haut, ne semble-t-il pas que le second terme de cette expression bisyllabique, étant pris dans le sens d'« orteil », aurait dû être conservé avec soin et de préférence dans les dénominations diverses par lesquelles on a successivement désigné le territoire habité primitivement par cette peuplade aux orteils croisés, puis par les Annamites, ses descendants? Or c'est le contraire qui a lieu. C'est le mot 交 *giao* qui a été conservé, et le mot 趾 *chi* ne reparaît que de loin en loin. On semble y avoir attaché fort peu d'importance. «Le 交 趾 *Kiaō tchè* (*Giao chi*), nous dit le *Tŏng sï yáng k'ào*[1] (examen des pays baignés par les deux océans), est l'ancien *Nam giao*[2]. Les *T'sïn*[3] en firent le *Tuʼong quận*[4] (province des éléphants). Les *Hán*[5] mirent fin à l'existence du *Nam việt*[6], dont ils formèrent neuf *quận*. Le *Giao chi* fut l'un d'eux. Au temps de *Kouăng où*[7], une femme nommée *Trung trăc*[8] se révolta. *Mà yuên*[9] la réduisit. (Le nom du pays) fut ensuite changé en celui de *Giao châu*[10]. Les *Souí*[11] en firent de nouveau le *Giao chi quận*», etc.

On le voit, l'auteur chinois nous dit que la contrée dont il s'agit est l'ancien *Nam giao*[12]. Le nom de *Giao chi* ne lui a été donné, semble-t-il, que postérieurement, ce qui rend moins vraisemblable l'idée qu'il a pour origine la particularité anatomique dont il s'agit. J'observerai en outre que le texte chinois ne dit pas «le pays des *Giao chi*», mais sim-

---

1  東西洋考
2  南交
3  秦
4  象郡
5  漢
6  南越
7  光武
8  徵側
9  馬援
10  交州
11  隋
12  Litt. : *Jonction du Midi.*

plement «le *Giao chỉ*[1]». Une semblable manière de s'exprimer paraît assez claire.

Le dictionnaire impérial de *Khang hi*, citant le *T'siên Hán ti lỉ tchí*[2] (*Géographie statistique des Hán antérieurs*), donne aussi le *quận* de *Giao chỉ* comme dépendant du *Giao châu*. Ici encore le mot 交 *giao* semble avoir été employé à une époque plus reculée que le mot 趾 *chỉ*. Je ne vois pas pourquoi l'on ne traduirait pas, en donnant aux caractères 交 et 趾 la valeur à peu près identique qu'ils semblent avoir, la phrase de *Khang hi* : «*Kiāo tchỉ kiún choŭ kiāo tcheoŭ*[3]», de cette manière : le *Kiún* contigu (limitrophe de la Chine) dépend du *châu* contigu (ou limitrophe). Je ne crois pas qu'au point de vue de la syntaxe chinoise, cette traduction puisse être attaquée.

Le *T'ōng kiến làn yáo*[4] (coup d'œil sommaire jeté sur les Annales) dit «qu'au midi de *Giao chỉ*, se trouvaient les *Việt thường*[5], etc.». C'est également le langage du *Chà owéi t'ōng kiến*[6] et du *Fóng tcheōu kāng kiến*[7]. Ce dernier va même plus loin, car il appelle en propres termes le *Giao chỉ* un *territoire*. Le «*Giao chỉ*», dit-il, «est l'ancien *territoire de Nam giao*[8]. Il forme maintenant le royaume d'Annam»; et plus bas : «*Việt thường* est le nom d'un royaume du Midi qui se trouve au sud de *Giao chỉ* et non du pays des *Giao chỉ*».

Si, enfin, les mots *Giao chỉ* avaient été tout d'abord un

[1] 交 趾
[2] 前 漢 地 理 志
[3] 交 趾 郡 屬 交 州
[4] 通 鑑 覽 要
[5] 越 常
[6] 少 微 通 鑑
[7] 鳳 州 綱 鑑
[8] 南 交

nom de peuple au lieu d'être une expression géographique,
ne les rencontrerait-on pas dès l'origine, c'est-à-dire dans
les vieux textes du *Choŭ kīng?* Or il n'en est pas ainsi. Le
livre des antiques annales chinoises nous dit que l'empereur
*Yáo* ordonna au troisième frère *Hī* de s'établir au *Nam giao*
(*chēn míng Hī choŭ tseh Nạn kiaō*)[1] et non dans le pays de *Giao
chỉ.* Ce mot de *chỉ* n'est même pas écrit une seule fois dans
tout le corps du *Choŭ kīng.* Cette expression *Nam giao* est,
en outre, à noter ici. Elle signifie en effet *jonction au Midi*,
et pourrait faire supposer qu'il y avait des expressions pa-
rallèles pour les autres *jonctions* ou limites.

Ne serait-il donc pas permis de penser, en présence de
tous ces indices, que c'est le peuple *Giao chỉ* qui a tiré son
nom du territoire qu'il habitait, et non le territoire qui a
pris le nom du peuple?

Le savant Wells Williams semble bien avoir été de cet
avis, car dans l'explication, assez obscure d'ailleurs, qu'il
donne du nom de *Giao chỉ*, il dit qu'on lui attribue pour
origine ce fait que, dans le pays habité par le peuple en
question, les hommes et les femmes se baignaient ensemble,
c'est-à-dire qu'il n'existait pas de *séparation* entre eux. Il
n'est question ici ni d'orteils croisés ni de pouce opposable.
Le même Wells Williams ajoute que la première partie du
mot « *Cochinchine* » n'est qu'une transcription de ce vieux
nom chinois de *Kiāo tchỉ*, dont l'on aurait fait « Cochin »;
l'autre partie (Chine) aurait été ajoutée par les étrangers,
apparemment, dit toujours Wells Williams, « parce que le
peuple s'y servait de la langue chinoise »; ce qui, comme
j'espère l'avoir suffisamment démontré précédemment, est

<hr>

[1] 申命羲叔宅南交

une erreur absolue, au moins en ce qui concerne le langage parlé. Je ne goûte guère davantage l'opinion de ceux qui pensent que le mot *Cochinchine* a été créé par les navigateurs portugais qui, à leur arrivée dans la mer de Chine, auraient trouvé à ce pays quelque ressemblance avec la côte de *Cochin*. Je me rallierais beaucoup plutôt à celle qu'avait mise en avant le regretté Luro : « Il semble beaucoup plus juste, disait-il dans sa remarquable étude intitulée : *Le pays d'Annam*, de supposer que ce mot vient des caractères chinois au moyen desquels la côte dut être désignée pour la première fois aux Européens par quelque pilote cantonnais : 古 占 城 *Co cheng ching* signifie « ancien Ciampa » ; car *tchen ching* est souvent employé en cette langue pour désigner le Ciampa, qui était, aux premiers siècles de notre ère, la région centrale longeant la côte qui va du Tonkin à la basse Cochinchine. Les premiers missionnaires appelaient « Cochinchine » la portion de la côte soumise aux Annamites, mais réservaient le nom de « Ciampa », corruption des caractères 占 笆 *Chiêm ba*, aux restes indépendants de l'ancien royaume. »

Je crois cette opinion de beaucoup la meilleure. Je dois observer, toutefois, que les caractères dont Luro parle ne se prononcent pas en cantonnais : *Co cheng ching*, mais *Kou chiam tching*, ce qui ressemble déjà beaucoup moins à « Cochinchine ». En revanche, la prononciation *Kouān hoá* de Nankin et du Nord (*Kòu tchēn tch'ing*) s'en rapproche très sensiblement. Le pilote de Luro, si pilote il y a, était donc plutôt de l'une de ces régions.

On voit qu'en matière de désignations géographiques, il faut parfois se défier de la vraisemblance. En voici une preuve nouvelle et assez curieuse :

On a été jusqu'à ce jour absolument persuadé que l'Amérique devait son nom au marin Amerigo Vespucci. Or un savant géologue, M. Jules Manou, est venu mettre cette origine en doute, et voici comment :

Il existerait dans le Honduras une montagne très riche en minéraux précieux, laquelle porterait le nom d'« Amelica » ou « Ameliga ». Les premiers navigateurs espagnols ayant recueilli sur ce point des richesses considérables, les matelots, à leur retour, en auraient répandu le bruit, et c'est la montagne merveilleuse qui aurait, en réalité, donné son nom au nouveau continent. La première mention du mot « Amérique » ne se trouve que dans la Cosmographie publiée à Saint-Dié en 1511, par Hylacomilus (Waldscemüller) ; et il serait possible que ce compilateur, ayant entendu mentionner le mot par lequel les marins désignaient ce pays riche en métaux précieux, ait fait confusion avec les noms d'« *Amerigo* » ou plutôt « *Alberigo* » Vespucci qui, lui aussi, fit plusieurs voyages à la côte de terre ferme et publia des lettres dans lesquelles il revendiquait la découverte américaine.

Il pourrait bien en être de l'origine du nom de *Giao chi* comme de celle du nom de l'Amérique, dans le cas, bien entendu, où il y aurait lieu d'adopter en dernier ressort l'opinion émise par M. Jules Manou.

## PUBLICATIONS DE L'ÉCOLE DES LANGUES ORIENTALES VIVANTES.

### PREMIÈRE SÉRIE.

I, II. **Histoire de l'Asie centrale** (Afghanistan, Boukhara, Khiva, Khoquand), de 1153 à 1233 de l'hégire, par Mir Abdul Kerim Boukhari. Texte persan et traduction française, publiés par *Ch. Schefer*, de l'Institut. 2 vol. in-8°, avec carte. Chaque volume. . . . . . . . . . . . . . . . . . . . . . . . . . . . . . . . . . . . . . . . . . . . . . . . . . 15 fr.

III, IV. **Relation de l'ambassade au Kharezm** (Khiva), par *Riza Qouly Khan*. Texte persan et traduction française, par *Ch. Schefer*, de l'Institut. 2 vol. in-8°, avec carte. Chaque volume. . . . . . . . . . . . . . . . . . . . . . . . . . . . . . . . . . . . . . . . . . . . . . . . . . 15 fr.

V. **Recueil de poèmes historiques en grec vulgaire**, relatifs à la Turquie et aux principautés danubiennes, publiés, trad. et annotés par *É. Legrand*, 1 vol. in-8°. 15 fr.

VI. **Mémoires sur l'ambassade de France près la Porte ottomane** et sur le commerce des Français dans le Levant, par le comte *de Saint-Priest*, publiés et annotés par *Ch. Schefer*. In-8°. . . . . . . . . . . . . . . . . . . . . . . . . . . . . . . . . . . . . . . . . 12 fr.

VII. **Recueil d'itinéraires et de voyages dans l'Asie centrale et l'Extrême Orient** (publié par *MM. Scherzer, L. Leger, Ch. Schefer*). In-8°, avec carte. . . . . . 15 fr.
Journal d'une mission en Corée avec carte (*F. Scherzer*). — Mémoires d'un voyageur chinois dans l'empire d'Annam (*L. Leger*). — Itinéraire de l'Asie centrale. — Itinéraire de la vallée du moyen Zerefchan. — Itinéraire de Pichaver à Kaboul, Qandahar et Hérat (*Ch. Schefer*).

VIII. **Bag-o-Bahar.** Le jardin et le printemps, poème hindoustani ; traduit en français par *Garcin de Tassy*, de l'Institut. 1 vol. in-8°. . . . . . . . . . . . . . . . . . 12 fr.

IX. **Chronique de Moldavie**, depuis le milieu du XIVᵉ siècle jusqu'à l'an 1594, par Grégoire Urechi. Texte roumain en caractères slavons, et traduction par *Em. Picot*. 1 fort vol. in-8°, en 5 fascicules. . . . . . . . . . . . . . . . . . . . . . . . . . . . . . . . . 25 fr.

X, XI. **Bibliotheca sinica.** Dictionnaire bibliographique des ouvrages relatifs à l'empire chinois, par *Henri Cordier*. 2 vol. gr. in-8° à 2 colonnes. . . . . . . . . 100 fr.

XII. **Recherches archéologiques et historiques sur Pékin et ses environs**, par le Dʳ *Bretschneider*, trad. de *V. Collin de Plancy*. In-8°, fig. et plans. . . . . . . 10 fr.

XIII. **Histoire des relations de la Chine avec l'Annam-Vietnam**, du XIVᵉ au XIXᵉ siècle, par *G. Devéria*. In-8°, avec une carte. . . . . . . . . . . . . . . . . . 7 fr. 50

XIV, XV. **Éphémérides daces.** Histoire de la guerre entre les Turcs et les Russes (1736-1739), par *C. Dapontès*, texte grec et traduction par *Émile Legrand*. 2 vol. in-8°, avec portrait et fac-similé. Chaque volume. . . . . . . . . . . . . . . . . . . . . 20 fr.

XVI. **Recueil de documents sur l'Asie centrale**, d'après les écrivains chinois, par *C. Imbault-Huart*. In-8°, avec 2 cartes coloriées. . . . . . . . . . . . . . . . . . 10 fr.

XVII. **Le Tam-tu'-kinh**, ou le livre des phrases de trois caractères, texte et commentaire chinois, prononciation annamite et chinoise, explication littérale et traduction complète par *A. des Michels*. In-8°. . . . . . . . . . . . . . . . . . . . . . . . 20 fr.

XVIII. **Histoire universelle**, par *Étienne Açoghik de Daron*, traduite de l'arménien par *E. Dulaurier*, de l'Institut. In-8° en deux parties (la seconde partie en préparation). Chaque partie. . . . . . . . . . . . . . . . . . . . . . . . . . . . . . . . . . . . . . . . 10 fr.

XIX. **Le Luc von Tiên Ca Diên.** Poème annamite, publié, traduit et annoté par *A. des Michels*. In-8°. . . . . . . . . . . . . . . . . . . . . . . . . . . . . . . . . . . . . . . . . 20 fr.

XX. **Éphémérides daces**, par *C. Dapontès*, trad. par *Émile Legrand*, 3ᵉ vol. in-8°.
7 fr. 50

### DEUXIÈME SÉRIE.

I. **Sefer Nameh. Relation du voyage en Perse**, en Syrie et en Palestine, en Égypte, en Perse et en Arabie, fait par *Nassiri Khosrau*, de l'an 1043 à 1049, texte persan, publié, traduit et annoté par *Ch. Schefer*, de l'Institut. 1 beau vol. gr. in-8°, avec 4 chromolithographies. . . . . . . . . . . . . . . . . . . . . . . . . . . . . . . . . . . . 25 fr.

II, III. **Chronique de Chypre**, par *Léonce Machéras*, texte grec publié, traduit et annoté par *E. Miller*, de l'Institut, et *C. Sathas*. 2 vol. in-8°, avec une carte ancienne en chromolithographie. . . . . . . . . . . . . . . . . . . . . . . . . . . . . . . . . . . . . . . . 40 fr.

IV, V. **Dictionnaire turc-français.** Supplément aux dictionnaires publiés jusqu'à ce jour, par *A.-C. Barbier de Meynard*, de l'Institut. 2 forts vol. in-8° à 2 colonnes. L'ouvrage publié en 6 livraisons à 10 fr.............................. 80 fr.

VI. **Miradj-Nameh**, récit de l'ascension de Mahomet au ciel. Texte turc-oriental, publié, traduit et annoté d'après le manuscrit ouïgour de la Bibliothèque nationale, par *Pavet de Courteille*, de l'Institut. In-8°, avec fac-similés du manuscrit en chromo-lithographie.................................................... 15 fr.

VII, VIII. **Chrestomathie persane**, composée de morceaux inédits avec introduction et notes, publiée par *Ch. Schefer*, de l'Institut. 2 vol. in-8°........... 30 fr.

IX. **Mélanges orientaux.** Textes et traductions, publiés par les professeurs de l'École des langues orientales vivantes, à l'occasion du 6ᵉ congrès international des Orientalistes réuni à Leyde en septembre 1883. In-8° avec planches et fac-similé. 25 fr.

X, XI. **Les manuscrits arabes de l'Escurial**, décrits par *Hartwig Derenbourg*. Tome I : Grammaire, Rhétorique, Poésie, Philologie et Belles-Lettres, Lexico-graphie, Philosophie. Gr. in-8°.................................... 15 fr.

Tome II : Morale et politique, Histoire naturelle, Géographie, Histoire, Divers, Supplément, Mélanges. In-8° (sous presse)......................... 15 fr.

XII. **Ousâma ibn Mounḳidh** (1095-1188). Un émir syrien au premier siècle des croisades, par *Hartwig Derenbourg*. Avec le texte arabe de l'autobiographie d'Ousâma, publié d'après le manuscrit de l'Escurial.

1ʳᵉ partie : Vie d'Ousâma. 1889, en 2 fascicules. In-8°................ 15 fr.
2ᵉ partie : texte arabe. 1886. In-8°.............................. 15 fr.

XIII. **Chronique dite de Nestor**, traduite sur le texte slavon-russe, avec introduction et commentaire critique par *L. Leger*. In-8°....................... 15 fr.

XIV, XV. **Kim van Kiêu tân Truyên.** Poème annamite, publié, traduit et annoté par *Abel des Michels.* 2 vol. en 3 parties. In-8°....................... 40 fr.

XVI, XVII. **Le livre canonique de l'antiquité japonaise.** Histoire des dynasties divines, traduite sur le texte original et accompagnée d'une glose inédite composée en chinois et d'un commentaire perpétuel, par *Léon de Rosny.* 2 parties in-8°. Chaque fascicule............................................... 15 fr.

1ʳᵉ partie : La Genèse; 2ᵉ partie : Le règne du Soleil; 3ᵉ partie : L'Exil.

XVIII. **Le Maroc**, de 1631 à 1812. Extrait de l'ouvrage intitulé Ettordjemân Elmo-aorib'an-dôuel Elmachriq ou'l Maghrib de Aboulqâsem ben Ahmed Ezziâni. Texte arabe publié et traduit par *O. Houdas.* In-8°..................... 15 fr.

XIX. **Nouveaux mélanges orientaux**, publiés par les professeurs de l'École des langues orientales vivantes, à l'occasion du Congrès des Orientalistes tenu à Vienne en 1886. In-8° avec fac-similé...................................... 15 fr.

XX. **L'estat présent de la Perse** (xviiᵉ siècle), par le *P. Raphaël du Mans.* Publié et annoté par M. *Ch. Schefer*, de l'Institut. In-8° (sous presse).


## TROISIÈME SÉRIE.

I. **La frontière sinno-annamite.** Description géographique et ethnographique, d'après des documents officiels chinois traduit par *G. Devéria.* In-8° ill., pl. et cartes. 20 fr.

II. **Nozhet-Elhâdi.** Histoire de la dynastie saadienne au Maroc (1511-1670), par Mohammed Esseghir ben Elhadj ben Abdallah Eloufrâni. 1ʳᵉ partie. Texte arabe, publié par *O. Houdas.* In-8°.................................... 15 fr.

III. Le même ouvrage. 2ᵉ partie, traduction française par *O. Houdas.* In-8°. 15 fr.

IV. **Esquisse de l'histoire du Khanat de Khokand**, par *Nalivkine*, traduit du russe par *A. Dozon.* In-8°, avec carte................................... 10 fr.

V, VI. **Recueil de textes et de traductions**, publié par les professeurs de l'École des langues orientales vivantes à l'occasion du Congrès international des Orientalistes tenu à Stockholm. 2 vol. in-8°.................................... 30 fr.

VII. **Bibliotheca sinica**, par M. *Henri Cordier.* Tome III, contenant le Supplément et la table des auteurs. In-8° (sous presse)........................... 30 fr.

VIII. **Siasset-oul-Moulouk.** Règles du Gouvernement, par Nizam oul Moulk, vizir du sultan Seldjoukide Melik Chah. Texte persan et traduction française, par M. *Ch. Schefer*, membre de l'Institut. 2 vol. in-8° (en préparation).

www.ingramcontent.com/pod-product-compliance
Lightning Source LLC
LaVergne TN
LVHW051129060726
842526LV00006B/1965